PREFACIO

Según una antigua leyenda, el gato es un regalo de los cielos para que los humanos podamos acariciar a un tigre. Una cosa es muy cierta: aunque el gato es el félido de menor tamaño, es un predador tan feroz y eficaz como sus parientes más grandes. ¡Y por supuesto, también es verdad que le encantan las caricias!

Esa mezcla de naturalezas, silvestre y doméstica, han convertido al gato en la mascota más especial. Los antiguos egipcios lo adoraron, literalmente, pues lo consideraban una deidad. Por el contrario, en la Edad Media fue considerado en ocasiones un ser diabólico. Hasta el s. XIX no volvió a ser visto como lo que es: un animal bello, capaz de dar tanto cariño como el que recibe.

Este libro te descubrirá la fascinante anatomía y costumbres de los gatos y te detallará alguna de sus razas más hermosas y la fascinante historia que hay tras el origen de muchas de ellas.

Textos: Eliseo García Nieto
Ilustraciones: Pippa Boom
Diseño y maquetación: Jose Luis Paniagua
Preimpresión: Natalia Rodríguez

© SUSAETA EDICIONES S.A.
C/ Campezo, 13 - 28022 Madrid
Tel.: 91 3009100
www.susaeta.com

Cualquier forma de reproducción, distribución, comunicación pública o transformación de esta obra solo puede ser realizada con la autorización de sus titulares, salvo excepción prevista por la ley. Diríjase a CEDRO (Centro Español de Derechos Reprográficos) si necesita fotocopiar o escanear algún fragmento de esta obra (www.conlicencia.com; 91 702 19 70 / 93 272 04 47).

EL MAGNÍFICO
Libro
DE LOS
GATOS

ELISEO GARCÍA NIETO

ILUSTRACIONES DE PIPPA BOOM

ÍNDICE

Un predador perfecto (y muy mimoso)	8-9
Fiero por dentro, suave por fuera	10-11
Un camino de 65 millones de años hasta tu regazo	12-13
Una fiera de andar por casa	14-15
Selección artificial	16-17
Sphynx	18-19
Persa	20-21
Sagrado de Birmania	22-23
Maine coon	24-25
Noruego	26-27
Siberiano	28-29
Ragdoll	30-31
Somalí	32-33
Chantilly-tiffany	34-35
Turco de Angora	36-37
Turco de Van	38-39
York chocolate	40-41
Cymric	42-43
Abisinio	44-45
Mau egipcio	46-47
Burmilla	48-49
Bengala	50-51

Bombay 52-53

Azul de Rusia 54-55

Siamés 56-57

Thai 58-59

Birmano 60-61

Pixie bob 62-63

California spangled 64-65

Cartujo 66-67

Sokoke 68-69

Rex de Cornualles 70-71

Rex de Devon 72-73

Británico de pelo corto 74-75

Europeo 76-77

Ocicat 78-79

Korat 80-81

Bobtail japonés 82-83

Manx 84-85

Escocés de orejas caídas 86-87

Snowshoe 88-89

Singapur 90-91

Munchkin 92-93

ANATOMÍA

Un predador perfecto (y muy mimoso)

Que los gatos se habitúen a la comida envasada y dormir arropados nos hace creer que dependen de nosotros. Pero son *félidos*, como los leones y tigres. E igual que ellos, la mayoría son *predadores* eficaces, aunque la cría selectiva de razas ha conformado gatos más aptos como mascotas que para la vida silvestre.

✳ Gira la cabeza casi 180°

✳ Pelo de longitud, color y dibujo muy variados. Muda de continuo. El gato dedica mucho tiempo a *su cuidado*, lamiéndolo. Así tragan mucho pelo, que forma en el estómago *bolas* que vomita con frecuencia.

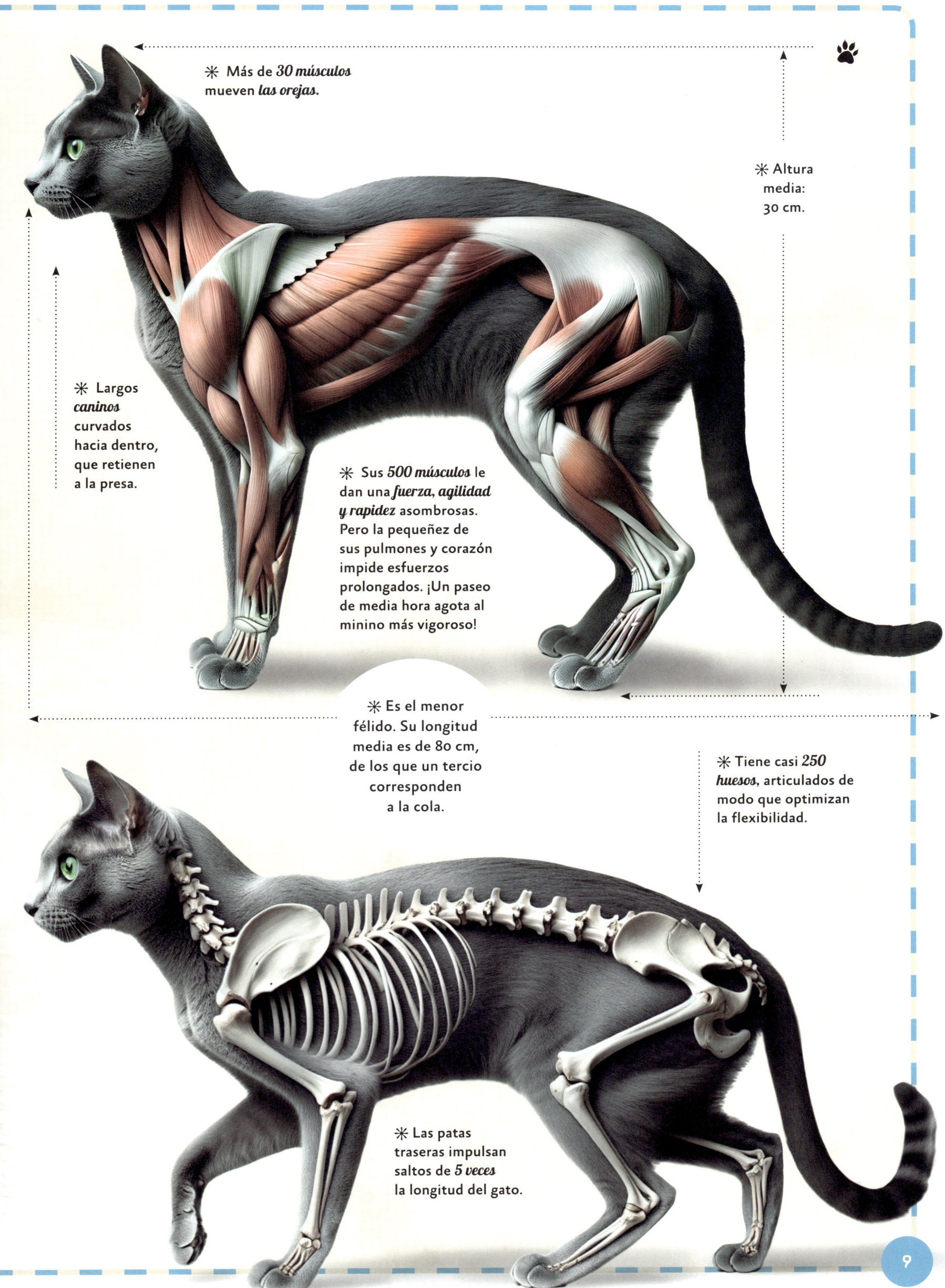

SENTIDOS Y CARÁCTER

Fiero por dentro, suave por fuera

La VISTA es el principal sentido gatuno. Su pupila vertical es perfecta para filtrar la luminosidad. Además, tiene *tapetum lucidum*, un tejido ocular que refleja la luz (¡por eso le brillan los ojos!) y le permite ver a oscuras. Cuenta con una membrana nictitante, que es un párpado protector transparente.

> Es famoso el sentido del *equilibrio* felino. Es tan refinado que el gato jamás se marea. Reside en el oído interno, igual que en los humanos. Además, le permite girar en el aire para aterrizar sobre las cuatro patas y caer ileso desde gran altura. ¡Por eso se dice que tiene siete vidas!

Gatos

❋ Su *oído* es el *doble de agudo* que el nuestro. Las orejas móviles le permiten enfocarlas para oír mejor.

❋ La vista del gato es defectuosa de cerca, pero la suplen las *vibrisas*, bigotes que funcionan como dedos ultrasensibles. Su *olfato* también es magnífico y dispone de *órgano vomeronasal*, membrana del paladar que le permite algo muy parecido a... ¡saborear olores!

❋ Las patas tienen *uñas retráctiles* muy afiladas, que se repliegan cuando no las usa para cazar o trepar.

❋ Piel muy *sensible al tacto*. Por eso cualquier contacto puede molestarle, pero también encantarle. Eso ocurre con las *caricias*. ¡No hay gato al que no le gusten! Quizá le recuerdan los lametones de su mamá cuando era pequeño.

HISTORIA EVOLUTIVA

Un camino de 65 millones de años hasta tu regazo

Los antepasados más remotos de nuestros mininos son los mamíferos de la familia *Myacidae* o *miácidos*. De estos predadores, similares en forma y tamaño a un gato y que vivieron en el Paleoceno (hace 65 millones de años), descienden los cánidos y los félidos.

✼ Los primeros indicios de domesticación del gato datan del *antiguo Egipto*. Algunas pinturas y estatuas apuntan a que hace más de 4.000 años se descubrieron allí las virtudes del gato como guardián de graneros y despensas frente a los ratones. Tenían una *diosa benefactora*, *Bastet*, con cuerpo de mujer y cabeza gatuna. ¡Adoraban al gato, literalmente!

Gatos

✻ La devoción que tuvo entre los egipcios no tuvo su correspondencia en la *Europa medieval*. En algunos lugares incluso lo relacionaron con la brujería. Durante mucho tiempo se creyó que el haberlos exterminados contribuyó a la *peste bubónica*, pero hoy en día se ha demostrado que el número de gatos *permaneció estable*.

✻ A partir del Renacimiento fue ganando aprecio como animal de compañía. A finales del s. XIX, su cría como mascota multiplicó las razas y se popularizaron en el mundo anglosajón los concursos para premiar sus mejores representantes. Londres albergó la primera exposición felina en 1871.

RELACIÓN CON LOS HUMANOS

Una fiera de andar por casa

El *instinto cazador* del gato es tan fuerte que hasta las razas criadas como mascotas presentan comportamientos de predador. Se puede observar, por ejemplo, cuando se pegan al suelo para acechar aves, roedores e insectos. Incluso los gatos domésticos mejor alimentados tienden a escapar y buscarse el sustento. Su habilidad para *trepar* es letal para pájaros y nidos.

Gatos

El problema de los gatos cimarrones

Muchas personas cuidan gatos cimarrones, como se llama a los que viven en libertad. Pero si no se controla su población, son una *plaga*. Los llevados por los colonos a Australia se han multiplicado hasta los 20 millones en solo dos siglos. Han extinguido una treintena de especies autóctonas y peligran otras doscientas. ¡Cada día aniquilan un millón de aves y el doble de reptiles!

✳ Al amedrentarse, se agacha en posición defensiva, con las orejas plegadas.

✳ La cola es tan expresiva como la del perro. Metida entre las patas, indica miedo. Un gato contento la mueve de forma armoniosa, mientras que dar latigazos indica molestia. Si mueve la punta con nerviosismo, ¡cuidado, se está enfadando!

¿Maúlla el gato?

Emite sonidos muy variados. El *bufido* es un silbido similar al de una serpiente, que usa como defensa. El *ronroneo* es un ronquido continuado, casi siempre de placer. La madre *susurra* a sus crías y en época de celo *chilla* con estruendo. El sonido que más identificamos con el gato, el *maullido*, ¡solo lo usa con nosotros!

✳ El pelo del gato se eriza ante un rival. Eso le hace parecer más grande. La sensación aumenta si a la vez arquea el lomo y estira las patas.

RAZAS

Selección artificial

Los criadores cruzan diferentes tipos de gatos para que los cachorros hereden determinados rasgos estéticos (tamaño, color y dibujos del pelo, forma de las orejas...) y de carácter (docilidad, simpatía, desapego...). Cuando se conforma de manera estable un ejemplar de tipología reconocible, los expertos dictaminan si es una raza nueva.

Difícil supervivencia

Algunos gatos muy apreciados como mascotas tendrían difícil sobrevivir en libertad. Entre ellos están los *blancos de ojos azules*: la mayoría son *sordos* por causas genéticas.

✱ La gestación dura unos dos meses, y la camada media es de cuatro a seis cachorros.

No vale todo Al cruzar animales, se busca conservar (o erradicar) una mutación genética natural. Para eso es clave conocer los genes predominantes. Por ejemplo, en los gatos priman los de pelo corto y blanco. Además, algunos cruces crean anomalías. Eso ocurre con las razas *tricolores y azul crema*, que producen *machos estériles*.

RAZAS SIN PELO

Sphynx

Ningún gato hay más reconocible que este de pelo tan corto que es inapreciable. Tampoco tiene vibrisas ni pestañas. Su extraño aspecto, con cola de ratón y orejas de murciélago, llevaron a llamarlo *sphynx (esfinge*, en inglés), como la bestia mitológica con cabeza humana y cuerpo de león.

✸ *Arrugas* y *pliegues* en cabeza y patas. Venas marcadas.

✸ Famosos por su fidelidad y buen carácter.

✸ Su piel excreta una *grasa* protectora, conviene bañados con frecuencia.

✸ Sus pelos *microscópicos* hacen que su piel al tacto recuerde a la de un melocotón.

Sphynx

* *Ojos* en forma de limón, un poco *saltones*.

¿Sabías que...?

La carencia de pelo del sphynx viene de una *mutación natural*. Había otra raza así, en México, el gato azteca, extinguido a principios del s. XX. Entre los criadores es siempre *polémica* la admisión de razas con mutaciones que pueden ser dañinas.

* Como buen gato, es *friolero*. Ingiere calorías en abundancia para compensar el gasto energético que requiere termorregularse.

* Gusta de tumbarse al sol. Pero es *proclive a quemarse*, así que conviene aplicarle crema protectora, ¡como a ti!

DIBUJO
* Variado

COLOR
* Variado. Al ser tan corto su pelo, se altera su percepción. Los blancos, por ejemplo, parecen rosados.

ORIGEN
* Cría y selección. Ontario (Canadá), 1966.

RAZAS DE PELO LARGO

Persa

Su *largo pelo* y aire majestuoso hacen del persa un gato ideal para niños, que lo ven como un *peluche*. Tampoco desentonaba en el palacio de la reina Victoria de Inglaterra, que tenía varios ejemplares.

✸ Pelo de entre 10 y 15 cm. Necesita un *cepillado diario* y baños frecuentes para mantener el lustre.

✸ Existen varias subrazas, como *chinchilla*, que es blanco o dorado; *camafeo*, con tonos rojos, o *himalayo*, fruto del cruce con siamés y con los patrones de color de este.

✸ Carácter *pacífico* y *tranquilo*. Amante del reposo, aunque también *juguetón*.

✸ Una *mutación* a mediados del s. XX produjo persas de *hocico plano*. Los criadores lo han exacerbado, generando animales de nariz hundida. Se les dice *sobretipados*, *máximos* o *peke faced*, por su parecido con el perro pequinés.

Persa

✲ El persa clásico es de *nariz chata* pero bien definida. Esta variedad se conoce como *tipado*, *suave* o *doll faced* (*cara de muñeca*).

¿Sabías que...?

A los persas sobretipados, el hocico hundido les acarrea afecciones *respiratorias, dentales y oculares*. Lo que plantea un dilema *ético*: ¿es lícito perjudicar la salud de un animal por estética?

✲ Algunos ejemplares blancos tienen un *ojo azul* y otro *naranja*. Esta característica se denomina ojos impares o heterocromía.

DIBUJO
✲ Variado

COLOR
✲ Todos

ORIGEN
✲ Cría y selección. Desciende de gatos de pelo largo llevados a Italia en el s. XVII desde la provincia de Jorasán, en Persia (actual Irán).

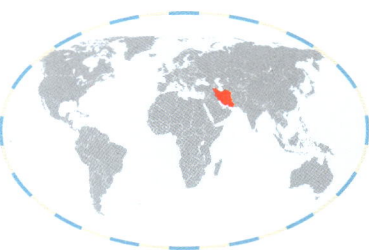

RAZAS DE PELO SEMILARGO

Sagrado de Birmania

El carácter independiente que conserva el gato pese a su domesticación ha inspirado todo tipo de *leyendas*. Muchas de ellas lo convierten en *regalo divino* al ser humano. Ninguna raza lo ejemplifica mejor que el gato sagrado de Birmania, que durante siglos solo se crio en *templos*.

¿Sabías que...?

Según una leyenda, su color de lomo y ojos vienen de su lealtad a un monje que cuidaba una estatua de oro con ojos de zafiro. Se criaba en los templos de Birmania (actual *Myanmar*) y estaba prohibido que saliera.

A comienzos del s. XX llegó a Francia; no está claro si como regalo de gratitud o sacado de contrabando.

✳ Su color característico es *beis dorado* con *panza blanca* y *puntas oscuras*. Se denomina puntas a los extremos del cuerpo: hocico, orejas, patas y cola.

✳ Ojos azules

✳ Cuando un gato presenta *abundante pelo* alrededor del cuello, se dice que tiene *collar* o *gorguera*.

* La gestación dura unos *dos meses* y la camada media es de *cuatro a seis cachorros*.

DIBUJO
* Puntas oscuras de color diverso: crema, rojo, lila, azul, seal (marrón oscuro), chocolate...

COLOR
* Beis dorado con panza blanca.

ORIGEN
* Crianza en Birmania (actual Myanmar) desde antiguo. Su patrón de color indica que desciende del gato siamés.

* Los *pies* del gato se denominan *guantes*, si son blancos.

* Carácter *tímido* y *juguetón*. Se le puede adiestrar para traer objetos, como a un perro. ¡Pero si se empeña en algo y no lo consigue, puede ponerse *quisquilloso*!

23

RAZAS DE PELO SEMILARGO

Maine coon

¡Abran paso al gato doméstico de *mayor* tamaño, con *1,2 m de largo y 14 kilos*! Tan grande y salvaje es, que una leyenda atribuye su origen a una mezcla con mapache. Esa hibridación es imposible, pero de ahí le quedó el nombre de coon (abreviatura de *racoon, mapache* en inglés).

✻ Es tan grande que sus dueños se fotografían con él en brazos, ¡por si no les creen, cuando aseguran que tienen un gato ENORME!

✻ Su aptitud para la vida *silvestre* le da seguridad e independencia. Su hogar ideal tiene pleno acceso al aire libre. Su *dulzura* y sociabilidad son tan grandes como él.

✻ Subpelo abundante y cálido, y manto impermeable. ¡Es de los pocos gatos que disfrutan en el agua! Puede estar a la intemperie, aunque nieve o llueva.

✻ Su vigor e instinto cazador tendrán a los roedores bajo control. Por eso es muy apreciado en el entorno rural.

✻ Dedos largos y separados, con pelos tupidos entre ellos que sirven como raquetas de nieve y aletas en el agua.

* Su gruesa cola le asemeja al mapache.

DIBUJO
* Todos, excepto las puntas coloreadas. Los más apreciados son los tabby.

COLOR
* Todos, excepto el visón

ORIGEN
* Natural. Maine (EE. UU). Inscrita en 1967, pero ya concurría a exposiciones en 1860.

¿Sabías que…?
Al comienzo de la colonización de EE. UU., los ingleses llevaron gatos de *Angora* que se cruzaron con variedades silvestres. De ahí surgió este animal que toma su nombre del estado de *Maine*. Es la primera raza felina estadounidense.

RAZAS DE PELO SEMILARGO

Noruego

El noruego es la antítesis del gato friolero y dormilón. Está adaptado a la *vida silvestre* en los bosques escandinavos, a cuyos árboles se encarama con una facilidad pasmosa. Tras estar prohibida su exportación durante siglos, se ha convertido en mascota predilecta en Europa y América.

✳ Su *pelo de guarda* externo lo aísla de la humedad y su abundante *subpelo* lo mantiene caliente. En primavera muda el subpelo y el voluminoso *collar*.

✳ Trepador prodigioso, con fuertes músculos y garras que le permiten descender *cabeza abajo* por los troncos, en espiral. ¡Muy pocos gatos son capaces de eso!

✳ *Activo e independiente.* Su instinto trepador puede ser problemático en un apartamento. Su entorno ideal es rural, donde roedores y pájaros sufrirán sus *dotes cazadoras*.

✳ Con 90 cm de largo y 8 kg como promedio, es uno de los gatos de mayor tamaño.

DIBUJO
* Todos, excepto las puntas coloreadas.

COLOR
* Todos

ORIGEN
* Natural. Noruega. Hay referencias documentales desde el s. XVI.

* Los *pies anchos* y con pelos *interdigitales* no se hunden en la nieve.

* Su cola peluda le sirve de balancín en sus acrobacias y abrigo cuando se enrosca.

¿Sabías que...? Hay leyendas que vinculan el origen del gato noruego a los elfos. ¡Pero sus antecedentes históricos no son menos épicos! Se cree que desciende de felinos ingleses llevados en los barcos vikingos para cazar ratas hace más de mil años, y que se cruzaron con gatos siberianos u otros de pelo largo llevados por los *cruzados* desde Oriente Próximo.

🐾 RAZAS DE PELO SEMILARGO

Siberiano

Basta ver su *majestuoso pelaje* para deducir que está adaptado al *frío*. Su origen se halla en Siberia, región rusa que figura entre las más gélidas del planeta. Es también una de las razas gatunas *más antiguas*, habituada a ejercer como mascota pero sin perder su apego a la libertad.

✷ Es uno de los gatos más voluminosos, con hasta 60 cm de largo y 12 kg.

✷ Dispone de las tres combinaciones de pelaje que puede tener un gato: *guarda* (cubrición externa, más larga), *intermedia* (vello protector más corto y áspero) y *subpelo* (capa aislante muy corta y suave). ¡Soporta decenas de grados bajo cero a la intemperie!

✷ *Pies* anchos y peludos, idóneos para caminar sobre hielo y nieve.

Siberiano

¿Sabías que...?

El *gato siberiano* es una mascota muy popular desde hace siglos entre los campesinos rusos. La raza es tan antigua que se cree que de ella proceden todas las demás de pelo semilargo o largo, como la noruega, la de Angora y la persa.

✻ Es uno de los gatos que más disfrutan del *agua*. ¡No es raro que comparta bañera o ducha con sus dueños!

✻ *Sociable y expresivo*; emite gran variedad de sonidos. Aprende con facilidad juegos típicos de perros, como el de devolver objetos que se le lanzan. Es un gran *cazador*, muy apreciado en las granjas. Pero tiende a *asilvestrarse* y no es raro que escape, sobre todo si es macho.

✻ La *piel* bajo el pelaje es muy gruesa y dura.

✻ *Patas traseras* más largas, lo que hace que el lomo esté arqueado. Es capaz de enormes *saltos*.

DIBUJO	COLOR	ORIGEN
✻ Todos, excepto las puntas coloreadas	✻ Todos	✻ Natural. Siberia (Rusia) hace siglos. Se cría en Europa y América desde los años 80 del s. XX.

🐾 RAZAS DE PELO SEMILARGO

Ragdoll

El ragdoll es tan *manso* que cualquier animal o niño, por pequeño que sea, puede dañarlo sin que se defienda. Es incapaz de sobrevivir en libertad. Al tomarlo en brazos, se relaja de tal modo que se queda con las patas colgando, incapaz de moverse, como un peluche. De ahí su nombre en inglés, *ragdoll* (muñeca de trapo).

✳ Su *pelaje* mullido invita a acariciarlo, y nada le gusta más: pasa horas en las rodillas de sus dueños y siguiéndolos en busca de mimos.

✳ *Sin instinto cazador*. Es apto para convivir con cualquier otro animal… si no supone una amenaza.

✳ Casi *insensible* al dolor: sufre pisotones y golpes sin queja. Además, es inconsciente de los peligros, lo que le hace proclive a caídas, atropellos y otros accidentes.

✳ Pies enguantados

Ragdoll

* *Ojos* azules

* Le falta la capacidad del resto de los gatos de voltearse en el aire para caer de pie. Cualquier caída puede lastimarlo.

¿Sabías que...?

Pese a ser una raza *muy reciente*, hay leyendas sobre su origen. Se cuenta que los progenitores de la primera camada fueron un sagrado de Birmania y una gata de pelo largo arrollada por un coche cuando estaba preñada.

DIBUJO
- Puntas coloreadas

COLOR
- Cualquiera propio de raza de puntas coloreadas: azul, canela, beis, seal...

ORIGEN
- Crianza. California (EE. UU.), 1965.

RAZAS DE PELO SEMILARGO

Somalí

Durante decenios, los criadores renegaban de él: lo consideraban un *gato abisinio* que, en vez de pelo corto, lo tenía *semilargo*. Pero acabó reconocido como raza aparte con pedigrí propio.

* Al igual que su antecesor abisinio, cada *pelo* presenta tres franjas de color diferente, casi siempre con la punta oscura. Eso le da una amplia gama de matices.

* La oscuridad de la piel en torno a los *ojos* da la sensación de que los tuviese maquillados.

* Cuerpo *musculoso*, que entrena durante horas. Es uno de los gatos más *juguetones*. Le gustan en especial los que emulan la caza.

* *Necesita espacio*. Aunque puede adaptarse a un apartamento, su carácter inquieto requiere de un jardín para explayarse.

* Hábil *cazador*, consciente de que podría vivir muy bien por sí mismo. Por eso, pese a ser afectuoso, tiende a ir a su aire y es difícil *educarlo*.

* Muy hábil manejando las *garras*. Es fácil adiestrarlo para agarrar cosas con ellas como si fuesen manos.

DIBUJO	COLOR	ORIGEN
* Ninguno	* Variado	* EE. UU., 1965

¿Sabías que...? El cruce de un gato abisinio con otro de pelo largo dio la primera camada en Inglaterra. Los cachorros se exportaron a varios países y en EE. UU. se fomentó la transmisión del *gen receivo* que les daba pelo semilargo. Tras mucha discusión, se reconoció como raza y dejando claro su origen: se le llamó *somalí* porque Somalia y Etiopía (antigua Abisinia) son países vecinos.

RAZAS DE PELO SEMILARGO

Chantilly-tiffany

El gato llamado *tiffany* por los criadores británicos y *chantilly* por los norteamericanos tiene pelaje y mansedumbre típicos de gato persa y la vivacidad del birmano. Pero los cruces no están claros. La raza se dio por extinta hacia 1965 y tras reaparecer, es tan *rara* que vuelve a dudarse de su supervivencia.

✳ Se da por hecho que entre sus progenitores está el gato *himalayo*, subraza que procede de siameses y persas.

✳ Gran parte de su tiempo lo invierte en *acicalar* su largo pelaje.

Chantilly-tiffany

✲ *Ojos redondos,* de color amarillo o dorado.

¿Sabías que...?

Igual que las personas, los animales tienen ***temperamento*** propio. Sus ***circunstancias vitales*** son clave para que un animal sea tranquilo, inquieto o temerario. Pero es cierto también que la ***genética*** es un factor clave en el carácter de una mascota. El chantilly-tiffany se considera un gato ***equilibrado***, fruto de la calma del persa y la curiosidad del birmano.

✲ Su *regio* aspecto y *tranquilidad* lo convierten en el modelo fotográfico felino por excelencia.

DIBUJO
✲ Color sólido o carey

COLOR
✲ Variado

ORIGEN
✲ Crianza. Reino Unido, EE. UU. y Canadá, mediados del s. xx.

RAZAS DE PELO SEMILARGO

Turco de Angora

La turca de Angora es una de las razas *naturales* más *antiguas*, predecesora de gatos tan preciados como los persas. En el s. XVII se importó a Europa, pero su mezcla descontrolada la hizo diluirse. Incluso en Turquía estuvo al borde de la extinción; sin embargo, gracias a un programa de cría se logró revivirla y darle expansión mundial.

✳ Las *orejas triangulares* son una de las principales diferencias respecto al persa, que las tiene redondeadas.

✳ Los *ojos son almendrados* y el color más frecuente es el ámbar. Los de las variedades dorada y plateada los tienen verdes. En los blancos predominan los azules y los *impares*: un ojo azul y otro verde.

✳ En cualquier raza, los gatos blancos sin manchas y con ojos azules suelen nacer *sordos*. En los de ojos impares, son sordos del oído correspondiente al ojo azul.

✳ *Pelo* semilargo de muy variados colores, pero el clásico es el blanco.

* Solía tener fama de arisco y tendente a asilvestrarse. La cría ha mitigado ese carácter y a día de hoy es un gato *afable y juguetón*, aunque conserva un espíritu independiente que hace que tienda a escapar y se resista a acatar normas.

DIBUJO	COLOR	ORIGEN
Todos, excepto las puntas coloreadas	Todos, salvo el visón y el mustela	Natural. En Turquía, desde antes del s. XVII.

¿Sabías que...?

La ciudad turca de Angora, ahora conocida como Ankara, tiene un especial vínculo con los animales de pelo largo. Además de a la raza de gato, esta ciudad dio nombre a muchos animales de pelo largo: el *conejo* de Angora y la *cabra* de Angora, muy preciados en la industria textil por la calidad de su manto.

37

RAZAS DE PELO SEMILARGO

Turco de Van

El gato de Van disputa al de Angora ser la raza felina turca más conocida. Ya en la *época romana*, hace dos milenios, se representaron mininos con el pelaje claro semilargo y rabo anillado típicos de esta raza. Una criadora inglesa se llevó a su país varios ejemplares y ahí empezó su propagación mundial.

✳ Los gatos son conocidos por su aversión a mojarse, pero varias razas rompen esa regla. Sobre todo esta, que toma su nombre del lago de Van, el mayor lago de Turquía, en el que se *zambulle* con frecuencia.

✳ Su región montañosa de origen alterna grandes nevadas invernales con tórridos veranos. El gato de Van *muda* el pelo cuando llega el calor. ¡Cambia tanto que solo es reconocible su *cola*, con pelo semilargo todo el año!

¿Sabías que...?

Su *afición al agua* es tan llamativa que se le conoce como gato nadador. Se conjetura si el origen de este apego es para eludir las altas temperaturas estivales de su zona de origen o si se sumerge en busca de peces y otras presas.

✳ Muy *activo e inteligente*. Aprende a traer objetos que se le lanzan, igual que los perros, con los que congenia bien. Cualquier *juego* de persecución o lucha lo hace feliz.

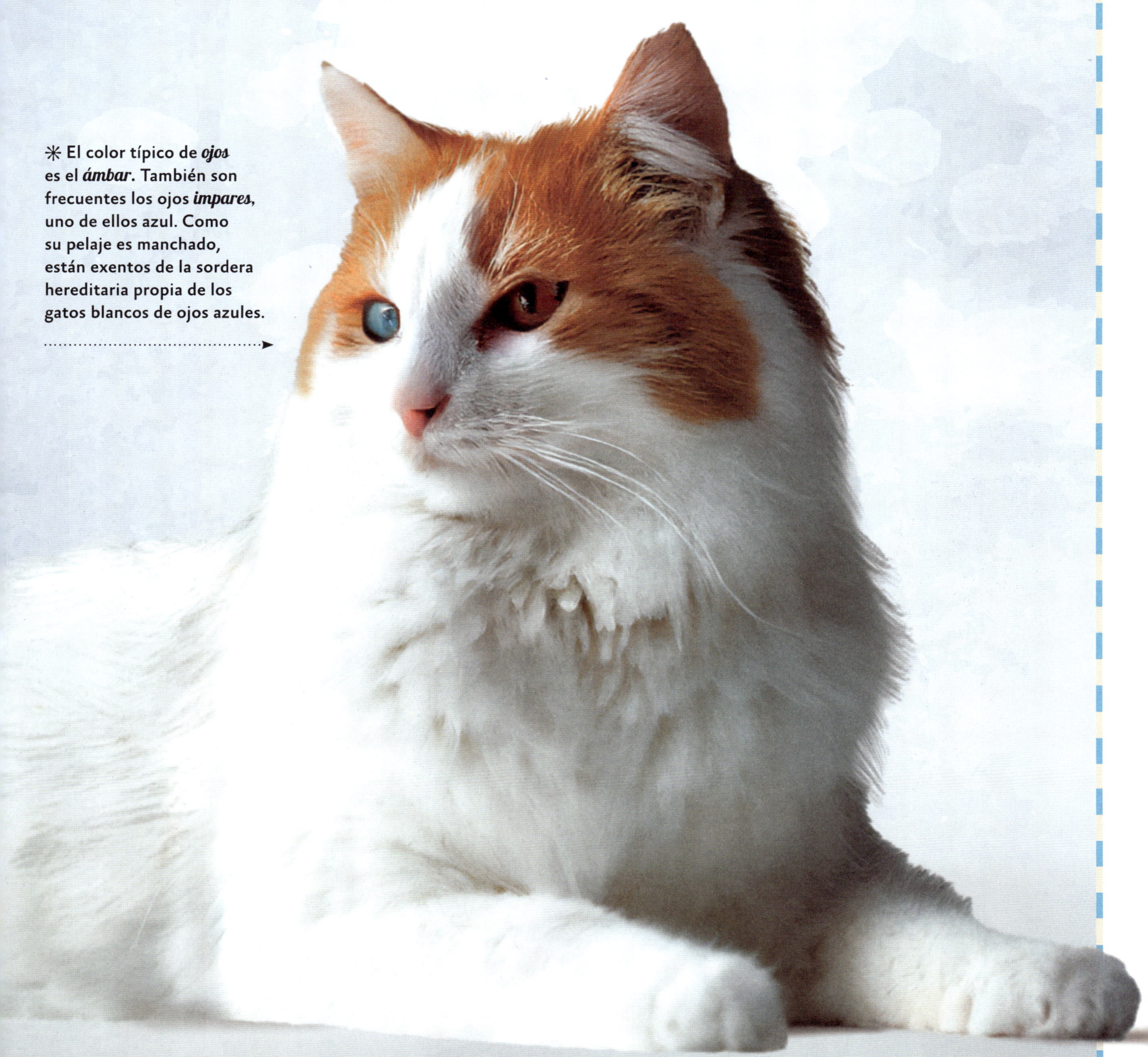

✳ El color típico de ***ojos*** es el ***ámbar***. También son frecuentes los ojos ***impares***, uno de ellos azul. Como su pelaje es manchado, están exentos de la sordera hereditaria propia de los gatos blancos de ojos azules.

DIBUJO	COLOR	ORIGEN
Bicolor, con cola anillada	Blanco, con manchas encima de los ojos y cola del mismo color, generalmente rojo o crema	Natural. Su crianza internacional empezó en Gran Bretaña en 1955.

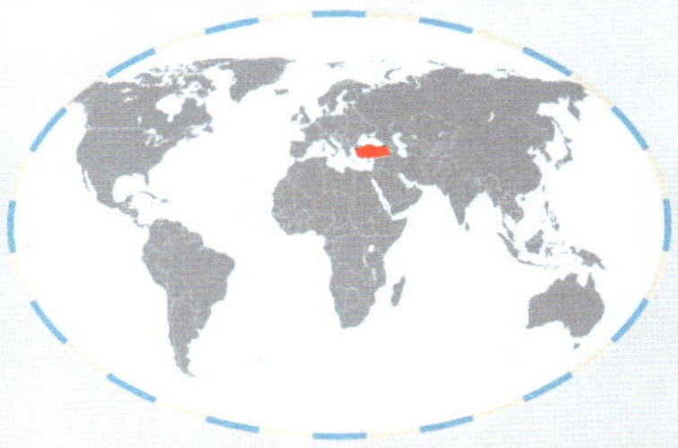

🐾 RAZAS DE PELO SEMILARGO

York chocolate

Hay razas cuyo nombre lo dice todo. Tal es el caso de la york chocolate, que incluye su lugar de origen –el estado norteamericano de Nueva York– y la característica más definitoria de este gato: su color *chocolate*.

✳ El york típico es *monocolor*, pero también hay ejemplares con toques de blanco, nunca predominante.

¿Sabías que...?

Su reciente origen está muy documentado, lo que facilita seguir su *pedigrí* o árbol genealógico de los animales de cría. Pero con eso no basta para que prospere una raza. Las asociaciones felinas tienen criterios exigentes y muchas rechazaron admitir la york chocolate. Eso redujo tanto su cría que se la da por casi *extinguida*.

York chocolate

✶ El color y longitud de su *pelo* proceden de sus ancestros siameses, cruzados con razas en las que predominaban los colores blanco y negro. El *subpelo* es muy escaso.

✶ *Ojos almendrados*, de color verde, oro o avellana.

✶ Carácter perfecto como *mascota*: simpático, juguetón, tranquilo y cariñoso, sobre todo con quien se ocupa de él.

DIBUJO
✺ Manchas blancas, nunca predominantes

COLOR
✺ Chocolate

ORIGEN
✺ Crianza. Albany (EE. UU.), 1983.

RAZAS DE PELO SEMILARGO

Cymric

El *cymric* fue considerado mucho tiempo una variedad de *manx* de pelo largo y su reconocimiento como raza no ha sido unánime. En efecto, aunque el patrón del manx es de pelo corto, sus camadas incluyen en ocasiones algún cachorro que lo tiene de mayor longitud. Pero mucho más que lo que las diferencia, en ambas razas llama la atención lo que comparten: la **carencia de cola**.

¿Sabías que...?

La denominación del *cymric* hace alusión al nombre de la región británica de Gales en su lengua céltica autóctona: *Cymru*. Sin embargo, ni por su lugar de origen ni por el de cría existe relación alguna entre este gato y la tierra galesa: procede de la isla inglesa de Man —cuna de la raza manx— y fue desarrollado por criadores de Canadá.

✳ Su *longitud de pelo* tiene origen en una mutación natural, al igual que la *carencia de rabo*. En el caso del rabo, es fruto de un gen dominante, es decir, que tiende a perpetuarse en las camadas. El del pelo largo es *recesivo* y su transmisión se garantiza cruzando ejemplares que lo poseen.

Cymric

✳ Comparte con el *manx* su carácter vivo, apego a los juegos y necesidad de compañía. ¡Detesta la soledad!

✳ Los cymric heredaron de los manx el gen que lleva a *no tener rabo*. Los hay que carecen de él por completo y otros con un muñón. También nacen ejemplares con cola.

✳ Cuerpo compacto y redondeado al que la carencia de cola hace parecer más pequeño de lo que es.

DIBUJO
✿ Todos, excepto puntas coloreadas

COLOR
✿ Todos

ORIGEN
✿ Natural. Procedente de la isla de Man (Reino Unido) y criado en el s. xx en Canadá.

RAZAS DE PELO CORTO

Abisinio

El gen del *pelo corto* es dominante en los gatos, lo que explica que lo tengan así una amplia mayoría. Pero pocas más ilustres que la abisinia, tan *antigua* que se le ha considerado descendiente de los primeros felinos amaestrados en Egipto. Es muy parecido a mininos retratados en época faraónica.

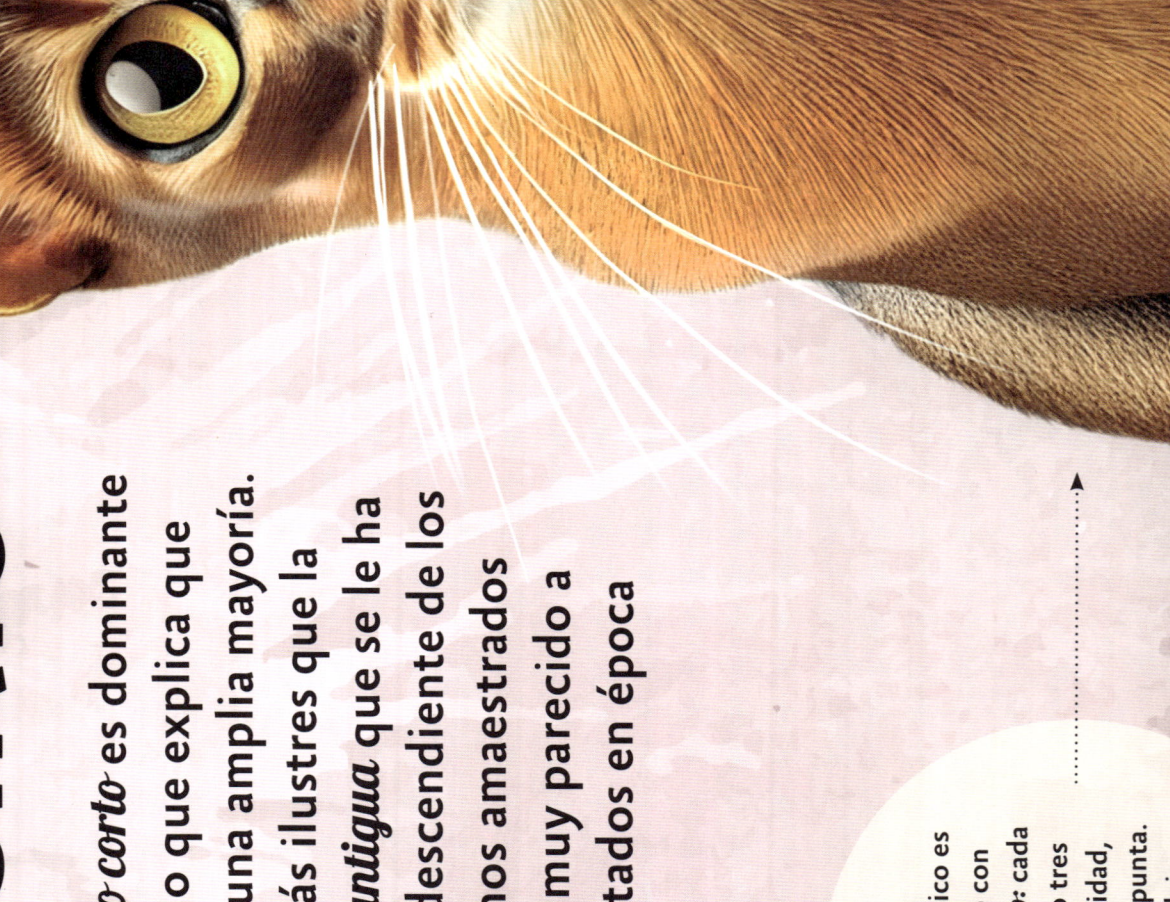

* *Orejas grandes* y orientadas hacia adelante.

* *Ojos almendrados*, muy expresivos, de color intenso: oro, cobre, esmeralda, avellana... La piel de alrededor es oscura, lo que evoca los típicos *ojos pintados* del arte egipcio.

* Su color más típico es *arenoso o rojizo*, lo que unido a su aire *esbelto*, su musculatura y su gusto por las alturas le hacen parecer un pequeño puma.

* El abisinio típico es *monocolor*, pero con *ticking* o *jaspeado*: cada pelo tiene dos o tres franjas de tonalidad, más oscura en la punta. Eso da a su pelaje matices muy sutiles.

* Inteligente, astuto y muy ágil. Muy independiente, pero afectuoso. Se mueve con enorme elegancia y frecuenta la parte alta de muebles y estanterías, con tanta habilidad que es raro que tire algo.

DIBUJO	COLOR	ORIGEN
✹ Ninguno	✹ Rojizo (con tonos que van del albaricoque al arcilla), beis y azul. Pelo más oscuro en la punta que en la raíz.	✹ Natural. La crianza internacional comenzó en Inglaterra a finales del s. XIX.

¿Sabías que...? Suele contarse que su cría comenzó cuando la esposa de un militar británico volvió a su país con un ejemplar desde Abisinia en 1868. No está claro que aquel gato fuese el antecesor del actual abisinio, pero este país dio nombre a la raza. El abisinio es progenitor de varias razas, como la somalí y la ocicat.

45

❀ RAZAS DE PELO CORTO

Mau egipcio

El mau egipcio disputa al abisinio el título de raza felina doméstica más *antigua*. El arte de época faraónica representó gatos muy similares a ambos. En el caso del mau, además, la cría moderna se ha esmerado en *acentuar* las semejanzas con sus supuestos antepasados.

✳ *Ojos* verdes

✳ El dibujo en forma de M sobre los ojos se ha querido ver como la silueta del *escarabajo sagrado* del antiguo Egipto.

✳ ¡Gran *comilón*!

✳ Hábil *cazador*, aficionado a jugar a emboscadas y luchas.

* Carácter **independiente y libre**, que no soporta las puertas cerradas. Pese a ello, toma gran apego a determinados miembros de la familia, a los que pide continuos mimos. Solo maúlla cuando quiere algo.

DIBUJO
* Franjas y manchas irregulares oscuras en forma de escamas. Cola anillada.

COLOR
* Plateado, pardo o gris

ORIGEN
* Natural. La crianza moderna empezó en EE. UU. en 1956.

¿Sabías que...?

El mau (*gato*, en egipcio) abundaba en Europa hasta que la II Guerra Mundial amenazó la supervivencia de la raza, al igual que ocurrió con otras muchas. Una princesa rusa emigró a EE. UU. con un ejemplar del que descienden todos los actuales.

RAZAS DE PELO CORTO

Burmilla

El empleado de un criadero felino que mantenía separados a una hembra de *birmano* y un macho *persa* de la variedad chinchilla dejó abierta por descuido la puerta de la jaula y ambos mininos tuvieron su momento de pasión. El fruto de aquel cruce accidental fue una camada con el pelo corto de la madre y el color plateado del padre, y su *éxito* fue instantáneo.

¿Sabías que...?

La *burmilla* es una de las razas más recientes. Los cuatro gatitos originarios nacieron en 1981 y pocos años después ya estaba reconocida por las principales asociaciones felinas, gracias a sus marcados *rasgos diferenciales* y su éxito entre los criadores. Otras razas han tardado mucho más en ser aceptadas, en especial cuando sus características no son muy distintivas o la cría da como resultado animales con problemas graves de salud.

Burmilla

* Su carácter combina a la perfección el *carácter travieso* del birmano y la *plácida relajación* del persa. Sobrelleva muy mal la soledad. ¡Le encanta ser el centro de atención!

* Las *orejas* son ligeramente redondeadas.

* *Ojos verdes* en diversas tonalidades y enmarcados por un *bordeado* negro.

* Su *pelo* es corto, pero a la vez sedoso y con subpelo abundante. El color más típico es el *plateado*.

DIBUJO
- Sombreados y punteados

COLOR
- Plateado, marrón, negro, lila, chocolate

ORIGEN
- Crianza. Reino Unido, 1981.

RAZAS DE PELO CORTO

Bengala

Todos los gatos proceden de *antepasados salvajes*. Pero en el de Bengala, ese parentesco es muy cercano. Es un híbrido, hijo de dos especies, el *gato* (*Felis silvestris catus*) y el *gato leopardo de Bengala* (*Prionailurus bengalensis*), un félido asiático silvestre. A partir de un cruce casual, una criadora fue generando una raza de características muy especiales.

* *Ojos* de color azul, verde u oro.

* El *pelaje* es herencia del camuflaje del gato leopardo.

* Es uno de los gatos más *acuáticos*. No duda en meterse en piscinas y bañeras.

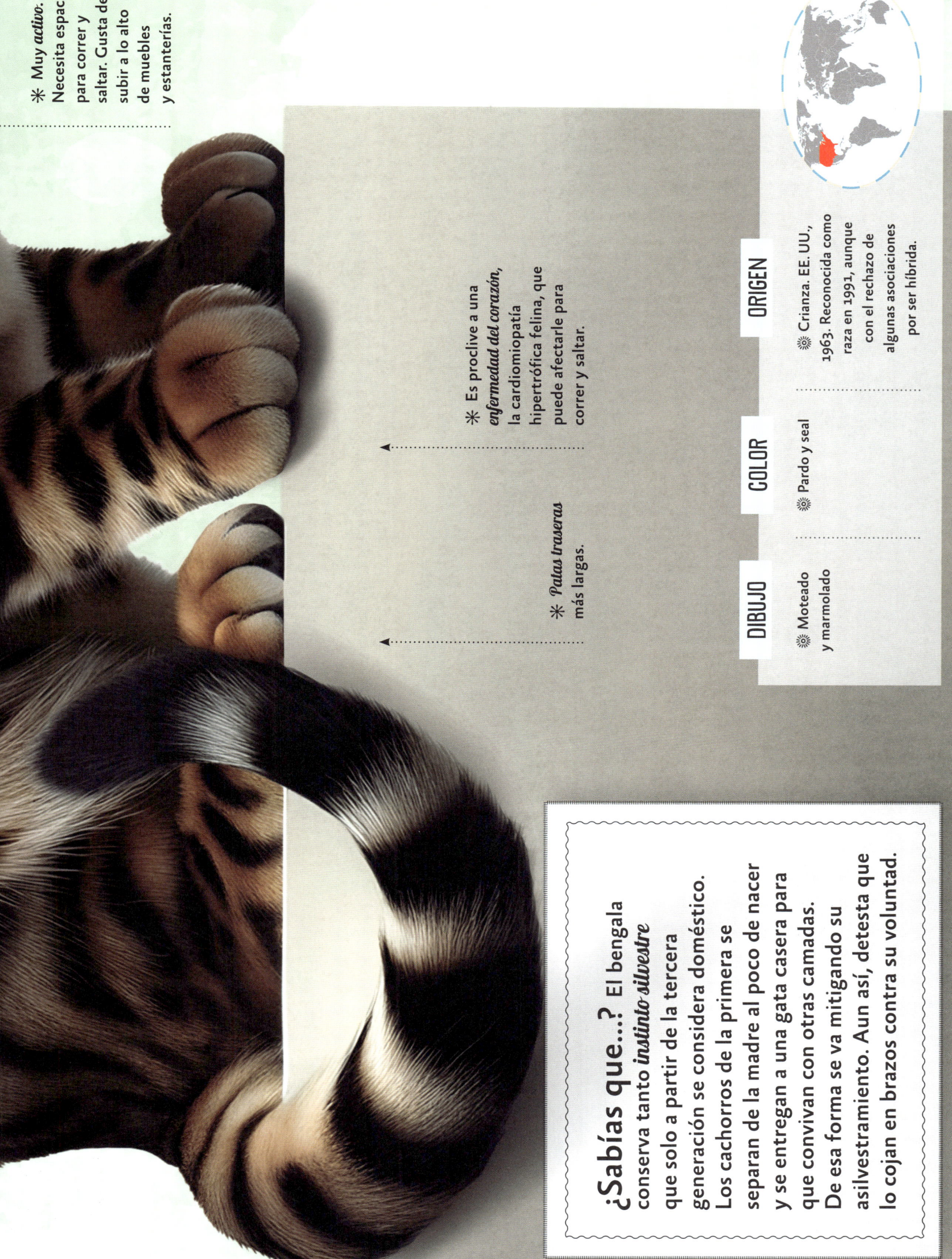

✳ **Muy *activo*.** Necesita espacio para correr y saltar. Gusta de subir a lo alto de muebles y estanterías.

✳ Es proclive a una *enfermedad del corazón*, la cardiomiopatía hipertrófica felina, que puede afectarle para correr y saltar.

✳ *Patas traseras* más largas.

DIBUJO	COLOR	ORIGEN
✳ Moteado y marmolado	✳ Pardo y seal	✳ Crianza. EE. UU., 1963. Reconocida como raza en 1991, aunque con el rechazo de algunas asociaciones por ser híbrida.

¿Sabías que…?

El bengala conserva tanto *instinto silvestre* que solo a partir de la tercera generación se considera doméstico. Los cachorros de la primera se separan de la madre al poco de nacer y se entregan a una gata casera para que convivan con otras camadas. De esa forma se va mitigando su asilvestramiento. Aun así, detesta que lo cojan en brazos contra su voluntad.

🐾 RAZAS DE PELO CORTO

Bombay

A mediados del s. XX, una criadora estadounidense amante de las *panteras negras* se propuso seleccionar un gato que fuese como una de ellas en miniatura. El esfuerzo le llevó veinte años, pero finalmente lo logró: creó la raza *Bombay*.

✳ Cuerpo *musculoso*.

✳ Los gatos suelen tener dos capas de pelo: una *exterior*, o *capa de guarda*, y al menos otra a ras de piel, corta y lanosa, el *subpelo*. Varias razas, como la Bombay, carecen de subpelo.

✳ La característica más evidente de esta raza es su color: *negro* de arriba abajo, sin manchas, dibujos ni tonos de otro color.

Bombay

✳ Los *ojos* del Bombay presentan uno de sus mayores parecidos con las *panteras negras*. Son grandes y de tonos cobrizos, del amarillo dorado al naranja brillante.

✳ Entre sus ancestros está el gato sagrado de Birmania, del que conserva el *carácter mimoso*. Busca atención continua y sobrelleva muy mal la soledad.

¿Sabías que...?

La criadora de la raza, Nikki Horner, la bautizó como Bombay en honor a la ciudad india en la que nació el escritor *Rudyard Kipling*, autor de *El libro de la selva*. Una de las protagonistas de esa obra es *Bagheera*, la pantera negra más famosa de la literatura.

DIBUJO
✺ Ninguno

COLOR
✺ Negro

ORIGEN
✺ Crianza. Kentucky (EE. UU.), 1970.

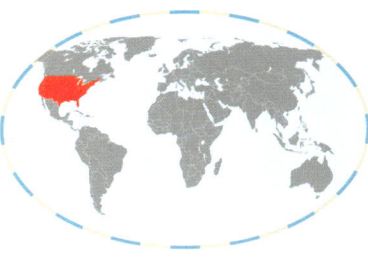

🐾 RAZAS DE PELO CORTO

Azul de Rusia

Quizás se trate de la *raza natural* más apta para vivir en un apartamento. El carácter *apacible e independiente* del azul de Rusia lo hacen ideal para compartir espacios reducidos y quedarse en soledad durante periodos largos.

✳ Su carácter **comunicativo, juguetón y prudente** hace de él un compañero ideal para personas tranquilas y niños, pero entre los muy bulliciosos se encontrará a disgusto.

✳ La piel de las *orejas* es casi transparente.

✳ Enorme *apego* a su dueño. Le sigue por toda la casa e incluso de paseo por la calle.

✳ *Ojos* esmeralda.

Azul de Rusia

✳ Es tan *hogareño* que no es raro que nunca intente salir, ni siquiera en época de celo. Es feliz en un sillón o frente a una estufa.

✳ Las *comisuras de la boca* están elevadas, lo que da la impresión (errónea, por supuesto) de que sonríe.

¿Sabías que...?

El origen de esta raza es un *misterio*. Antes de conocerse como azul de Rusia se conocía como *azul de España*, *maltés* y *gato de Arcángel*, porque llegó a Inglaterra en barcos procedentes del puerto ruso de Arcángel en 1860.

DIBUJO
✲ Ninguno

COLOR
✲ Azul con reflejos plateados. Hay variedades blancas y negras.

ORIGEN
✲ Natural. Conocido desde el s. XIX en Rusia.

RAZAS DE PELO CORTO

Siamés

El actual gato siamés debería llamarse en realidad *siamés moderno*, pues *difiere de la raza original*. Aunque el patrón de colores original se mantiene, se trata de un animal muy diferente, por su silueta estilizada y facciones alargadas que lo hacen inconfundible.

✳ *Orejas grandes*, de base ancha, y puntiagudas.

✳ *Cabeza* triangular alargada y con *hocico* fino.

✳ Cuerpo muy *esbelto* con *pelo* cortísimo.

✳ *Ojos azules*. En muchos casos, son bizcos en mayor o menor grado, aunque la cría selectiva lo ha ido reduciendo.

✳ *Nariz* larga y recta, como una tablilla.

✳ A diferencia de la mayoría de los gatos, *carece de tapetum lucidum*, tejido ocular que refleja la luz y les permite ver casi en total oscuridad. ¡De noche ven tan mal como tú!

56

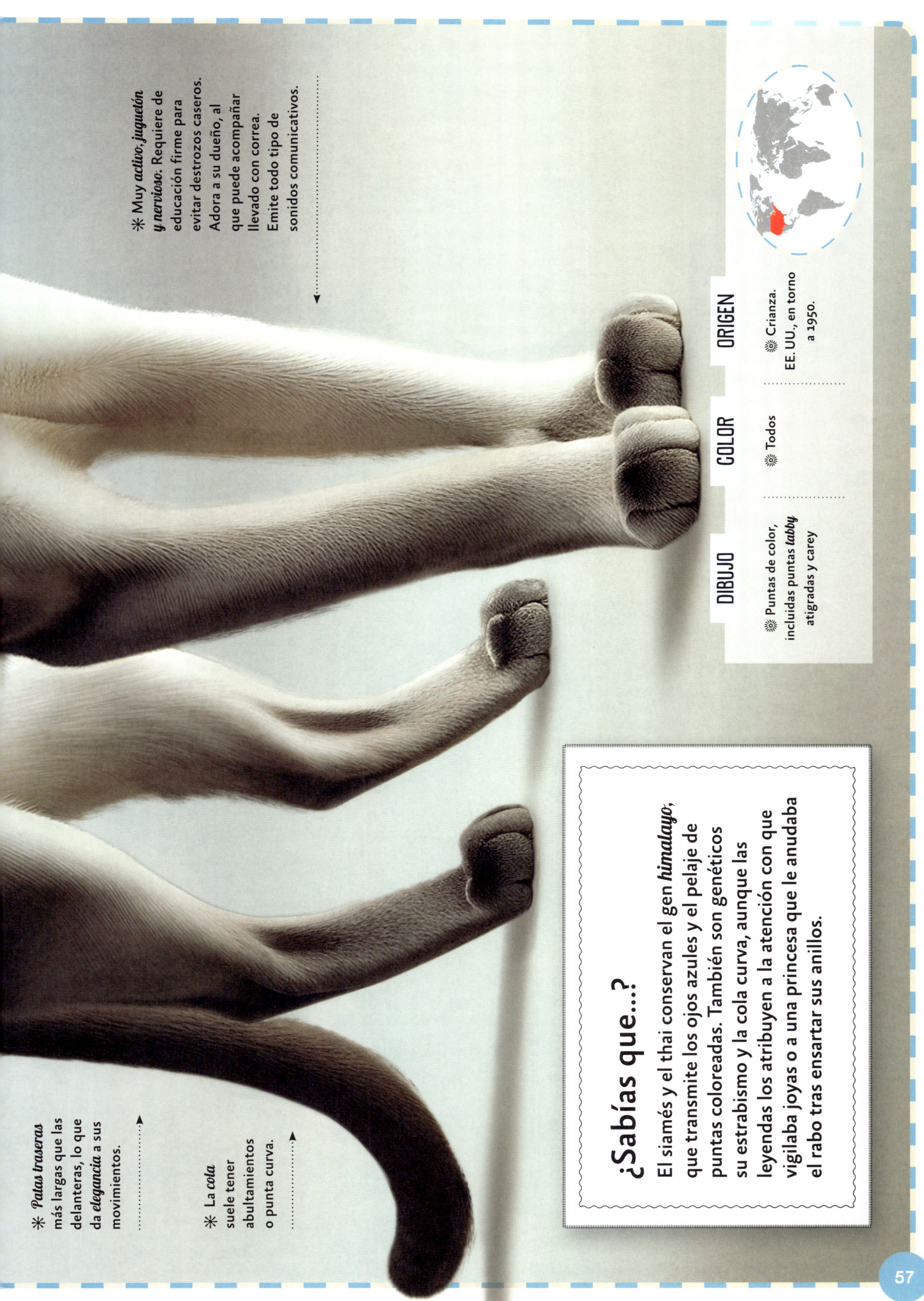

* **Muy activo, juguetón y nervioso.** Requiere de educación firme para evitar destrozos caseros. Adora a su dueño, al que puede acompañar llevado con correa. Emite todo tipo de sonidos comunicativos.

* **Patas traseras** más largas que las delanteras, lo que da *elegancia* a sus movimientos.

* **La cola** suele tener abultamientos o punta curva.

DIBUJO	COLOR	ORIGEN
Puntas de color, incluidas puntas *tabby* atigradas y carey	Todos	Crianza. EE. UU., en torno a 1950.

¿Sabías que…?

El siamés y el thai conservan el gen *himalayo*, que transmite los ojos azules y el pelaje de puntas coloreadas. También son genéticos su estrabismo y la cola curva, aunque las leyendas los atribuyen a la atención con que vigilaba joyas o a una princesa que le anudaba el rabo tras ensartar sus anillos.

RAZAS DE PELO CORTO

Thai

En el s.XIX llegó a Europa desde *Siam* (actual Tailandia) un felino de ojos azules y puntas coloreadas que casi desaparece en la *II Guerra Mundial* por la interrupción de su crianza. Al reanudarse, la diferencia de criterios dio lugar a *dos razas:* la siamesa, diferente al modelo original pese a heredar el nombre, y otra fiel a su antepasado pero con denominación distinta, la thai.

* *Cabeza* redondeada; por eso en EE. UU. lo llaman siamés cabeza de manzana.

* *Ojos* azules, con *estrabismo* habitual. ¡Muchos son más o menos bizcos!

* *Nariz* de longitud media, similar a la de los gatos europeos.

* *Orejas* de base ancha y punta roma.

* Es tan devoto de su dueño que incluso consiente que le pongan correa. Sus sonidos son tan expresivos que puede hacerse pesado. Aprende con facilidad el juego de devolver objetos lanzados.

Thai

- *Pelo* corto y tupido
- Cuerpo *compacto* y musculoso

¿Sabías que...? El felino que se criaba hace siglos en la corte de *Siam* entró con mal pie a Europa. ¡Se le calificó de *gato de pesadilla*! Pero en el s. XX se multiplicaron sus criadores. Cuando un grupo de ellos logró recuperar el modelo racial original, se encontró con que ya había otro gato diferente inscrito como siamés. Por eso se da la paradoja de que el genuino *gato de Siam* tuvo que bautizarse como *thai*.

DIBUJO
- Puntas coloreadas

COLOR
- Todos, en tonos claros

ORIGEN
- Crianza. Hay rastros de él desde hace más de dos siglos en el reino de Siam (actual Tailandia). A mediados del s. XIX empezó en Inglaterra su cría internacional.

RAZAS DE PELO CORTO

Birmano

Si hubiese un trofeo al gato ideal como *mascota*, aspiraría a él el birmano. *Tranquilo, sociable, cariñoso y muy adaptable.* Es feliz al aire libre y en espacios cerrados y, como le gusta *viajar*, puede ir de vacaciones con sus dueños. La soledad le deprime; así que, quien se ausente con frecuencia, debe buscar una solución: ¡Por ejemplo, tener dos birmanos!

✴ Su *color* tradicional es marrón, aunque la crianza ha generado múltiples variedades.

¿Sabías que...?

El ejemplar fundacional fue una hembra oscura encontrada en Birmania (actual Myanmar) por un veterinario estadounidense que la cruzó con siameses. De aquella gata, *Wong Mau*, descienden todos los birmanos.

✴ Tiene fama de *tragón*; sobre todo, de pescado fresco.

✴ *Pelaje* tupido y suave

Birmano

✳ La expresividad y *dulzura de su mirada* encandila a sus dueños.

✳ De adulto es apacible y obediente, pero, de cachorro, su *curiosidad* le hace proclive a travesuras y accidentes.

✳ Usa sus *garras* para trepar a los árboles mucho más que para atrapar presas. No es muy cazador.

DIBUJO
✺ Hay variedades con pelaje carey, en capas o manchas de distintos colores o tonos.

COLOR
✺ Marrón, azul, chocolate, lila, rojo, crema, lila...

ORIGEN
✺ Crianza. EE. UU., 1936.

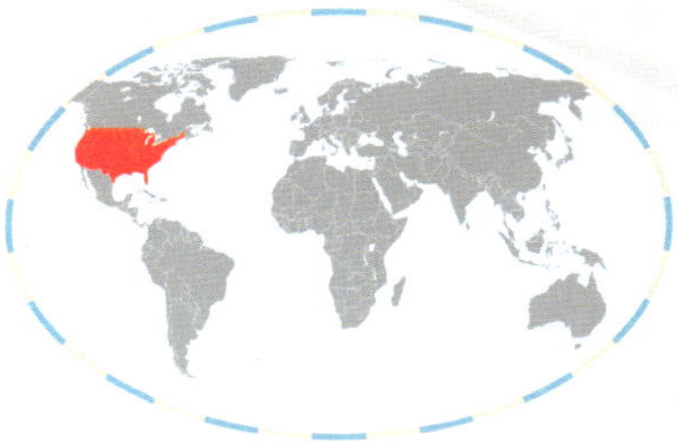

🐾 RAZAS DE PELO CORTO

Pixie bob

Pese a ser muy reciente, su origen está envuelto en leyendas. Su primera criadora apuntó a que el pixie bob desciende de la hibridación natural entre gato casero y lince rojo *(Lynx rufus)*. Pero lo cierto es lo contrario: es una raza doméstica seleccionada para parecerse a ese félido salvaje norteamericano. Aun así, es un gato *único*... y la explicación está en sus *pies*.

✳ Es el prototípico gato *dormilón* y amante de tumbarse junto a la chimenea. Prefiere sin duda comer en su plato antes que cazar. Su aspecto salvaje contrasta por completo con su personalidad bonachona y mimosa.

✳ Otra semejanza con el félido salvaje es su *cola corta*, típica de los linces.

✳ Su pelaje *moteado* evoca el camuflaje del lince rojo.

✳ Cuerpo *robusto* y muy musculado.

Pixie bob

¿Sabías que...?

Las dudas que había en principio sobre si se trataba de un híbrido, así como la polidactilia, hicieron que no fuese bien acogido en las exposiciones felinas. Pero a medida que se fue verificando su carácter doméstico se extendió su aceptación como mascota.

✳ ¡Sus *pies* son excepcionales! Los gatos tienen cinco dedos en las patas delanteras y cuatro en las traseras, pero el pixie bob tiene *siete en cada pie*. El tener más dedos de lo normal se denomina polidactilia.

✳ *El pelaje* a los lados de la cara y en el mentón es más largo, como en el lince.

DIBUJO
☀ Moteado

COLOR
☀ Pardo tabby

ORIGEN
☀ Crianza. (EE. UU.), 1985.

🐾 RAZAS DE PELO CORTO

California spangled

El guionista y productor televisivo Paul Casey oyó en 1971 en África que un cazador furtivo había matado a uno de los últimos leopardos. Pensó que había que intentar crear un gato doméstico en homenaje al leopardo o al gato africano salvaje con manchas, también casi extinto. Dedicó *quince años* a obtener esta raza, que lleva el nombre del estado donde donde fue creado.

✻ El color y manchas del *pelaje* evocan a félidos silvestres, como el leopardo, el ocelote o el tigre.

✻ La obtención del *aire silvestre* se logró mezclando numerosas razas, como la thai, manx, abisinia, mau egipcia...

✻ *Musculatura* potente

California spangled

* **Sociable** y muy cariñoso, establece una gran conexión con su dueño. Es muy activo y destaca por la longitud de sus *saltos*.

* **Ojos** almendrados, de color castaño, pizarra, ámbar o azul. No se admite el verde.

* Carácter perfecto como *mascota*: simpático, juguetón, tranquilo y cariñoso, sobre todo con quien se ocupa de él.

¿Sabías que...?

El criador del California spangled, Paul Casey, ideó un sistema innovador para promoverlo: en vez de llevarlo a exposiciones, lo anunció en una revista de *venta por correo*. Tuvo tal éxito que tardó dos años en satisfacer las peticiones de compra. Con los ingresos creó la Fundación California Spangled, dedicada a defender la naturaleza con este gato como símbolo.

DIBUJO
Manchas, en especial moteado y atigrado

COLOR
Variado

ORIGEN
Crianza. (EE. UU.), 1986.

RAZAS DE PELO CORTO

Cartujo

La forma de su boca parece una simpática y amable sonrisa, pero es desde luego, muy peligrosa para cualquier posible presa. Es un *cazador* formidable. Si se tienen pájaros, peces o roedores como mascotas, es una pésima idea hacerles compartir hogar con el *chat souriant de France* (gato sonriente de Francia, en francés).

✳ Sus *ojos* naranja o cobre son inconfundibles.

✳ *Orejas* grandes, de base ancha y puntiagudas.

✳ Su *pelaje* exterior lanoso es tan tupido que repele el agua. Eso, unido a un subpelo denso y cálido, le permite estar al aire libre en las estaciones más frías y lluviosas.

Cartujo

* Es un gato muy *independiente*, que no tolera los mimos más que cuando a él le apetecen. No suele maullar.

* *Cabeza* redonda y cuerpo compacto y fuerte.

¿Sabías que...?

Raza muy *antigua*, con referencias desde la Edad Media. Como no podía ser menos, su origen está envuelto en leyenda. Al parecer, procede de Oriente Medio y lo llevaron a Francia los *cruzados*. Una versión explica que unos caballeros templarios dejaron una pareja en un monasterio de frailes *cartujos* donde empezó su cría, y de ahí su nombre. Es el *gato nacional* francés.

* Como buen *cazador*, sus juegos favoritos son los de *acecho y captura*. Un ratón de trapo o mecánico lo tendrá entretenido durante horas.

DIBUJO
* Ninguno.

COLOR
* El gris en todas sus tonalidades, aunque la clásica es la azul.

ORIGEN
* Natural. Crianza selectiva en Francia desde 1930.

* Cuerpo muy *esbelto* con *pelo* cortísimo.

RAZAS DE PELO CORTO

Sokoke

El Sokoke toma su nombre del bosque de Kenia donde se encontraron los ejemplares fundacionales de la raza, descendientes de un *gato cimarrón* autóctono, el *khadzonzo*. A partir de una camada de ellos se empezó a criar la variedad doméstica a finales de la década de 1970.

✳ *Orejas* grandes.

✳ *Ojos* ámbar o verdes.

✳ Se comunica con un sonido *ronco*, similar al ronroneo.

✳ El *pelaje* y los dibujos del sokoke son idénticos siempre, a diferencia de los del felino silvestre del que desciende. Carece de subpelo.

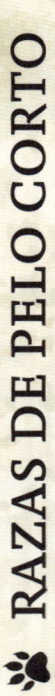

✳ *Patas* largas y delgadas, pero muy musculosas. El ángulo de articulación de las posteriores es óptimo para potenciar el *salto*.

✳ *Garras* fuertes, ideales para trepar por cualquier superficie.

DIBUJO	COLOR	ORIGEN
✺ Manchas variadas, incluida una en forma de mariposa sobre los hombros y tres franjas paralelas que terminan en la cola, que es anillada.	✺ Marrón	✺ Natural. Crianza selectiva en Kenia desde 1978.

✳ Aunque la cría haya influido en su domesticidad, sigue siendo un animal con gran apego a la *libertad*. Necesita aire libre y arbolado. Tiene un fuerte instinto *cazador*.

¿Sabías que...?

Se denomina gatos *cimarrones* a los que están sin domesticar o se asilvestraron tras vivir en un hogar. Subsisten por su cuenta y son los gatos callejeros de ciudad o los montaraces del campo. Son gatos domésticos (*Felis silvestris catus*) que viven en libertad. Por el contrario, félidos salvajes como el gato montés (*Felis silvestris*), el gato serval (*Leptailurus serval*) o el gato leopardo de Bengala (*Prionailurus bengalensis*) son especies distintas.

69

RAZAS DE PELO CORTO

Rex de Cornualles

El alumbramiento de un gato de *pelaje ondulado* en una camada de pelo liso supuso el primer paso de una nueva raza. Su dueña era criadora, pero no de gatos, sino de conejos rex que, curiosamente, también tienen el pelaje rizado. Así que llamó al felino cornish rex, ya que residía en el condado inglés de Cornualles.

✳ *Orejas* grandes

✳ Se comunica con *maullidos* muy agudos.

✳ No tiene pelo de guarda, el pelo exterior, solo *subpelo*, y poco denso. ¡Es suave de acariciar, pero muy friolero!

✳ Su *delgadez* engaña: ¡es todo un tragón! Su plato favorito es el pescado.

* Carácter *dulce* y *devoto* de su dueño, en cuyo regazo puede pasar horas. Eso no impide que sea a la vez muy vital y juguetón.

* *Patas* largas, que le dan un aire esbelto y le han valido el apodo de *galgo felino*.

* Usa los *pies* de las patas delanteras como pequeñas manos para llevar la de su dueño a la cabeza y que le acaricie. ¡Ningún otro gato hace eso!

DIBUJO	COLOR	ORIGEN
Ninguno, excepto si son manchas blancas.	Todos	Crianza. Inglaterra (Reino Unido), 1950.

¿Sabías que…? La *pasión* del rex de Cornualles por su dueño es tan absorbente que conviene hacerle jugar con el resto de la familia, para que se integre en ella. De otra manera, la exclusividad de su afecto y su extrema sensibilidad pueden derivar en un gato con problemas afectivos y de relación.

RAZAS DE PELO CORTO

Rex de Devon

La historia del rex de Devon es paralela a la del Cornualles y también empieza en un condado inglés –Devon– cuando en una camada nace un cachorro distinto, con *enormes orejas y pelo encrespado*. Enterada su dueña de que se había empezado un programa de cría con gatos con esta característica en Cornualles, decidió cruzarlos. Sin embargo, el cruce produjo gatos de pelo liso, lo que reveló que el pelaje rizado de ambos era fruto de mutaciones genéticas distintas.

✳ Aunque muy corto, el rex de Devon tiene *pelaje de guarda*, además de subpelo. Eso lo diferencia del de Cornualles.

✳ *Patas* estilizadas, más cortas que las del rex de Cornualles y muy musculadas. Es uno de los gatos más *veloces*.

Rex de Devon

✻ Es *vivaz*, le gusta correr y ejercitarse. ¡Y muy *sociable*! Simpatiza enseguida con los humanos y se toma confianzas como meterse en su cama o bajo el jersey. Aprende con facilidad los típicos juegos perrunos.

✻ *Vibrisas rizadas* y tan cortas que puede parecer que no tiene.

✻ *Orejas* más grandes que las del rex de Cornualles. ¡Le hacen parecer un murciélago!

¿Sabías que...?

Preservar una mutación exige cruces desaconsejables; por ejemplo, hijos con sus madres. A la vez, como la consanguinidad (cruce de familiares) causa enfermedades al menguar la variedad genética, conviene aparear con razas parecidas. Así se perpetúan estirpes, pero pueden variar tanto que surjan razas y subrazas: *siamés* y *thai*, *persa sobretipado* y *tipado*... Además, cada asociación de cría tiene criterio propio. Eso hizo que en Europa no se reconocieran los *rex* de América y allí consideraran al *de Cornualles* y el *Devon* una sola raza.

DIBUJO: Todos

COLOR: Todos

ORIGEN: Crianza. Inglaterra (Reino Unido), 1950.

RAZAS DE PELO CORTO

Británico de pelo corto

Sus ancestros llegaron a Gran Bretaña con los *romanos*, que tras descubrir en Egipto las virtudes del gato, lo llevaron con ellos por todo su imperio. En el s. XIX, la isla se convirtió en cuna de la moderna cría felina y sus pioneros forjaron una *raza nacional* a partir de los mininos que llevaban allí dos milenios. Lo llamaron británico de pelo corto (*british shorthair*, en inglés).

✳ *Cabeza* redonda y grande, con mandíbula fuerte y mofletuda.

✳ *Orejas* más separadas que otras razas.

✳ *Pelaje* denso y sedoso, que pierde en gran cantidad en la época de muda.

✷ *Conserva de sus antepasados callejeros su instinto **independiente** y **cazador**.* Es dado a holgazanear, pero necesita ejercicio al aire libre; si vive en un apartamento, seguro que intenta escapar, aunque acabe volviendo. Detesta estar en brazos y tolera muy bien la soledad. Trata a los humanos de igual a igual y, si no se le educa, puede ser ingobernable.

✷ *Cuerpo fuerte, de estructura pesada, que le da empaque y solemnidad.*

DIBUJO
✺ Atigrado, moteado, carey y puntas coloreadas

COLOR
✺ Todos; el más preciado es el azul.

ORIGEN
✺ Crianza. Inglaterra (Reino Unido), 1871.

¿Sabías que...?

El británico de pelo corto se presentó con éxito en la *primera exposición* felina, en Londres (1871). Sin embargo, la popularidad de los gatos exóticos lo hizo declinar. Las dos guerras mundiales amenazaron su supervivencia. Gracias al cruce con korat, cartujo, birmano y ruso azul, cobró nuevo auge en una exposición un siglo después de su debut.

RAZAS DE PELO CORTO

Europeo

Quien crea que para ver mininos de *pura raza* hay que ir a una exposición felina, se equivoca; al menos, en Europa. Nuestros *gatos callejeros* son de la raza europea, una de las más naturales, antiguas, fecundas y variopintas.

✳ El gato europeo es de *pelo corto* y aunque puede tener cualquier dibujo, el mayoritario es atigrado, en todas las variaciones posibles.

✳ El pelaje admite todos los *colores*, aunque algunos, como el crema, son muy infrecuentes.

✳ Es un felino de *tamaño intermedio* y gran cazador.

Europeo

¿Sabías que...?

El origen de la raza europea está en el *gato salvaje africano (Felis silvestris lybica)*, subespecie de gato montés que cruzó hace milenios el Mediterráneo a bordo de barcos *fenicios*. Su libre reproducción le ha dado gran *variedad genética*, garantía de buena salud. Tranquilo y vivaz, independiente y afectuoso, es el *gato doméstico* por excelencia.

✻ La *superstición* asocia al gato negro con el infortunio en países como España. En otros, como Gran Bretaña, es signo de buena suerte.

✻ El *pelaje calicó* –tricolor con predominio de blanco– es casi exclusivo de las hembras, por motivos genéticos. En Europa y América se le llamó *gato de España*. En el s. XVII, el naturalista francés Georges Buffon atribuyó sus tonalidades al clima español.

DIBUJO
✻ Todos

COLOR
✻ Todos

ORIGEN
✻ Natural. Europa, desde hace milenios.

RAZAS DE PELO CORTO

Ocicat

Su aire silvestre engaña: es un *felino de diseño*, fruto de una larga y cuidadosa selección de ejemplares siameses, europeos y abisinios. Su denominación, ocicat, es un acrónimo del nombre de un félido salvaje americano, el *ocelote* (*Leopardus pardalis*), y el término inglés para *gato (cat)*.

✳ *Doméstico* pero muy *activo*. Necesita acceso al aire libre, así que su entorno ideal es una casa ajardinada.

¿Sabías que...?

Además de fijar mutaciones casuales y propiciar determinadas características fisonómicas, como la longitud o color del pelo, la cría puede predeterminar el *carácter* de un animal, a partir del de los progenitores. El ocicat, por ejemplo, heredó el carácter sensible, nervioso y sociable del siamés.

✳ Cuerpo *atlético* y de tamaño grande.

Ocicat

✳ Suele tener mechones en la punta de las *orejas*, que acentúan su parecido con el lince y otros félidos salvajes.

✳ *Pelo corto*, pero aun así lo bastante largo como para que cada uno tenga franjas de colores *(ticking)*. El dibujo es moteado, con patas atigradas.

DIBUJO
✳ Moteado, con manchas de color *negro* o *marrón oscuro* *(seal)*

COLOR
✳ Castaño oscuro o claro

ORIGEN
✳ Crianza. EE. UU. (Canadá), 1964.

🐾 RAZAS DE PELO CORTO

Korat

Mientras los gatos negros europeos sufrían persecución por asociárseles al mal y el infortunio, al otro lado del mundo a otro felino oscuro le ocurriría lo contrario. El korat es desde muy antiguo símbolo de *buen augurio* en Tailandia y regalo reservado para bodas y otras grandes ocasiones.

✳ Temperamento *calmado*, que mezcla la *afectuosidad* con la *desconfianza*. Juguetón y combativo, detesta los ruidos fuertes. Se comunica con *maullidos* dulces de gran musicalidad.

✳ Su *color azul* plateado es único e inconfundible.

Korat

¿Sabías que...?

El korat toma su nombre de la ciudad tailandesa homónima. Hay referencias escritas de él desde hace siglos. Es tan apreciado que estaba prohibido exportarlo, por lo que era desconocido en el extranjero, hasta que en 1959 llegó una pareja a EE. UU. y se popularizó su crianza.

✲ Nace con *ojos azules*, que tornan a ámbar, antes de adquirir el verde dorado resplandeciente que caracteriza al korat adulto.

✲ Sus *facciones* redondeadas y orejas bien separadas dan a la cabeza un aspecto de corazón muy reconocible.

DIBUJO	COLOR	ORIGEN
✲ Ninguno	✲ Azul plateado	✲ Natural. Tailandia, probablemente desde el s. XIII.

RAZAS DE PELO CORTO

Bobtail japonés

Los korat tienen fama de dar suerte; pero es otro gato asiático el que se ha convertido en símbolo internacional de la *buena fortuna*. Hablamos del bobtail japonés, modelo para esas *figurillas felinas* de fama mundial que, con una pata alzada, parecen dispuestas a hacerse con el éxito de un zarpazo.

✳ Lo más característico es su *cola* en forma de *pompón*, similar a la de un conejo. Si se la estira, supera los 12 cm.

✳ El *pelaje* puede ser largo o corto, que es el clásico. El manto tradicional es el llamado mi-ke: blanco con manchas negras y rojas.

✳ *Patas posteriores* más largas.

Bobtail japonés

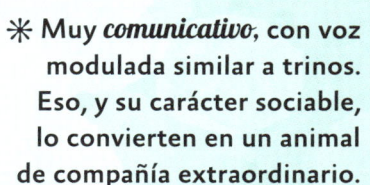

✳ Muy *comunicativo*, con voz modulada similar a trinos. Eso, y su carácter sociable, lo convierten en un animal de compañía extraordinario.

¿Sabías que...?

El templo de *Gotokuji*, en Tokio, es escenario de una leyenda según la cual un bobtail indicó con su pata a un gran señor que se acercara y así le evitó morir por un rayo. El gato sentado con la pata en alto inspiró *amuletos* en forma de figurilla, llamada *maneki-neko* (*gato que invita*, en japonés). Se coloca a la entrada de los comercios, para atraer clientela. La tradición pasó a China y de allí a todo el planeta. ¡Seguro que lo has visto!

DIBUJO
✳ Manchado o atigrado

COLOR
✳ Todos

ORIGEN
✳ Natural. Japón. Cría internacional desde mediados del s. xx.

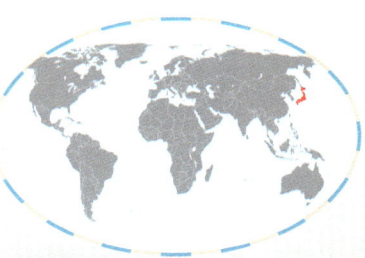

RAZAS DE PELO CORTO

Manx

El manx es ejemplo de que la poca *variedad genética* acarrea enfermedades. En su caso es por algo natural: proviene de una pequeña isla británica, Man. El limitado número de ejemplares para aparearse perpetuó la *mutación* que llevó a muchos a perder la cola. Pero, si no se mezclan con otros que sí la tengan, acaban sufriendo graves problemas de salud.

✲ Los manx más preciados *carecen de cola*, aunque los hay también con un muñón y otros con rabo normal. Todos surgieron de modo natural, sin intervención humana.

✲ El manx típico tiene *pelo corto*, pero hay una variedad con manto semilargo.

✲ *Patas traseras* largas, que le dan aire de conejo y le permiten dar enormes saltos.

Manx

✳ Muy inteligente y dado a *imitar a los humanos* abriendo puertas y grifos. Tiene actitudes *caninas*. ¡Incluso planta cara a desconocidos que se acercan a su hogar! Por tanto, no es de extrañar que congenie con los perros. Y no es mala idea acompañarlo de uno, porque el manx tolera mal la soledad.

✳ Su cuerpo, cabeza, ojos... ¡todo él es *redondeado*!

¿Sabías que...?

Las leyendas que intentan explicar la falta de cola del manx hacen referencia desde viajes fenicios a Japón hasta que se la cercenó Noé al cerrar el arca. Lo cierto es que es una mutación que afecta a la *espina dorsal*. La ausencia de varias vértebras causa *malformaciones* acumulativas y tras dos o tres generaciones sin mezclarse con gatos exentos de la mutación, se dispara la mortalidad en las camadas.

DIBUJO
✵ Todos, excepto puntas coloreadas

COLOR
✵ Todos

ORIGEN
✵ Natural. Isla de Man (Reino Unido), desde hace siglos.

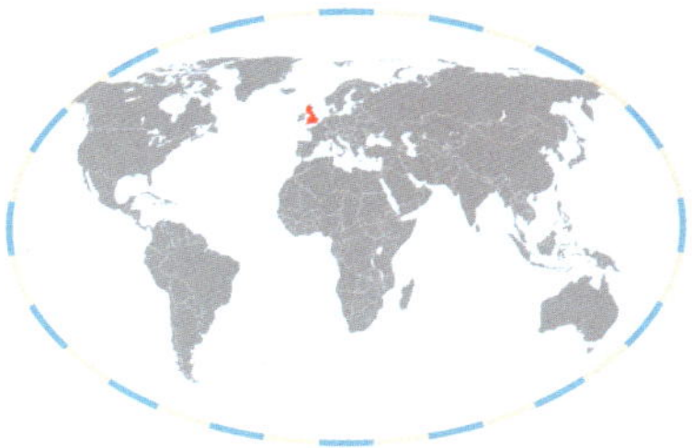

RAZAS DE PELO CORTO

Escocés de orejas caídas

Hay al menos dos gatos inconfundibles por sus *orejas*. Uno es el *curl americano*, que las tiene curvas. El otro es el escocés de *orejas caídas*, también llamado *fold escocés*. En inglés, *fold* significa *plegado*. Y en efecto, así tiene las orejas.

✲ Su *cabeza redonda* lo parece aún más por el pliegue de las orejas, que lo hacen semejante a un búho.

✲ El clásico es de *pelo corto*, pero hay una variedad que lo tiene semilargo.

✲ Carácter *bonachón y tranquilo*. Su docilidad y amor al juego lo hacen un compañero ideal para los niños.

Escocés de orejas caídas

✻ El *pliegue* de las orejas puede ser sencillo o doble.

✻ Nacen con las orejas en punta y al cabo de unos 20 días se les empiezan a caer hacia adelante. Esto no suele ocurrirle a toda la camada.

¿Sabías que...?

En el pasado se le llamaba también gato chino, por haberse visto la mutación en algún gato de esa procedencia. Las orejas dobladas dan *problemas de salud*, por acumular parásitos y cerumen. Además, el gen mutante propicia también una grave enfermedad articular. Eso hizo que hubiese resistencia a admitir la raza. La solución fue *cruzarla* con gatos sin ese gen dominante, lo que ha mejorado su salud.

DIBUJO	COLOR	ORIGEN
✻ Todos	✻ Todos	✻ Crianza. Escocia (Reino Unido), 1961.

RAZAS DE PELO CORTO

Snowshoe

Una camada de progenitores siameses nació con pies blancos y unos tonos que encandilaron a su criadora. Pero fijar esas características no era fácil y se necesitaron muchos años (y criadores) para afianzar la raza *snowshoe*.

✷ *El pelaje* conserva también un aire de gato siamés, aunque el patrón de colores fue muy difícil de fijar durante la cría.

¿Sabías que...? La primera criadora del *snowshoe* empezó la tarea a mediados de la década de 1960 y su entusiasmo inicial se esfumó, tras años de fracasos en las exposiciones. Las características que quería fijar no eran fáciles: correspondían a genes recesivos. Otra criadora tomó el testigo, con el mismo resultado frustrante. La tarea se reanudó en la década de 1980, pero hasta 1993 no se logró fijar el patrón de la raza.

Snowshoe

* De sus progenitores siameses heredó el *afán protagonista* y la *curiosidad* invencible, que le hace aparecer en los lugares más insospechados.

* Mancha en forma de uve invertida en el *hocico*.

* Los *pies blancos* en los gatos se denominan *guantes*. Pero a sus criadoras les recordaron más bien a unas raquetas de nieve (*snowshoe*, en inglés).

DIBUJO
* Puntas coloreadas de marrón o azul, con guantes

COLOR
* Marfil u otro tono claro

ORIGEN
* Crianza. EE. UU., 1993.

RAZAS DE PELO CORTO

Singapur

Las calles de la isla asiática de Singapur fueron cuna de la *raza felina más pequeña*. En sus orígenes era poco apreciada, pero el éxito que ha tenido su crianza internacional ha llevado a que se le reconozca también en su patria chica.

¿Sabías que...?

Una explicación, posiblemente legendaria, atribuye su tamaño a que el *maltrato* a los gatos en Singapur propició que solo sobrevivieran los más pequeños, que se escondían mejor. Como animal de cría, tampoco lo ha tenido fácil: las *dudas* sobre los cruces y su semejanza genética con el birmano hicieron que muchas asociaciones fuesen reacias a reconocerlo.

✶ Muy *afectuoso* y dado a grandes muestras de cariño, con ronroneo incluido.

✶ Las hembras pesan menos de 2 kg y los machos poco más de 2,5.

Singapur

✵ No es que tengan las *orejas grandes*... ¡es que tienen el *cuerpo muy pequeño*!

✵ Con los *ojos* pasa lo mismo que con las orejas: son de tamaño normal en un gato, pero en la pequeña cabeza del Singapur, parecen enormes. Tienden a lagrimear.

DIBUJO
✵ Bandas de colores alternos

COLOR
✵ Marfil amarillento, con toques castaños

ORIGEN
✵ Natural. Singapur. Crianza internacional en EE. UU. desde 1975.

RAZAS DE PELO CORTO

Munchkin

Una de las últimas razas de felino que han sido fijadas es también una de las más *polémicas* y más reconocibles: sus *cortísimas patas* le han valido el sobrenombre de *gato salchicha*. Las grandes dudas que hay sobre su *salud* hacen que muchas asociaciones rechacen esta raza.

✶ Pese a su *corta alzada*, el resto del cuerpo es de talla normal. Por eso su peso medio supera al de la raza Singapur.

✶ Sus *patas*, fruto de una mutación natural, son consideradas por muchos expertos consecuencia de una *acondroplasia*, alteración ósea de origen genético causante de enanismo.

Munchkin

✳ La munchkin llamada *Lilieput*, de solo *13,3 cm* de alzada, fue reconocida en 2014 como gata de menor estatura en el *Libro Guinness de los Récords*.

¿Sabías que...?

Su nombre procede del de los personajes de pequeño tamaño a los que Dorothy salva de la Bruja del Este en el libro *El mago de Oz*, de Lyman Frank Baum. Al haberse presentado recientemente el animal, aún se desconoce el impacto real de la mutación en su salud.

✳ La cortedad de sus patas no le impide *correr veloz*, pero su capacidad de saltar es muy limitada.

DIBUJO	COLOR	ORIGEN
✲ Todos	✲ Todos	✲ Crianza. EE. UU., 1991.